Aliocha, che

300 rue Léon-Joulin, 31101 Toulouse Cedex 9, France
Loi 49-956 du 16 juillet 1949
sur les publications destinées à la jeunesse.
ISBN : 978-2-7459-6567-7
www.editionsmilan.com

Jackie Valabrègue

Aliocha, cheval des steppes

MILAN

À Romain et Piama.

1

En Sibérie, quand vient l'hiver, la neige recouvre l'immensité de la steppe. Elle étouffe les abois des chiens huskies, les cris des enfants, les exclamations des hommes. Dans les isbas, les petits accordéons laissent alors échapper des sons nostalgiques. Comme la nuit descend tôt, le hameau de Krasnovick songerait lui aussi à dormir, si ce n'était l'heure du souper.

Krasnovick compte cinq isbas construites en torchis ou en rondins, et une petite chapelle en bois de bouleau dont la sacristie fait office de salle de classe en semaine.

Mais qui connaît Krasnovick ? Perdu dans ce territoire qui va de l'Oural à l'océan Pacifique et de l'océan Arctique à l'Asie centrale, Krasnovick n'est pas plus gros qu'un pépin de raisin !

Dans l'isba d'Ivan Boronov, c'est la voix de stentor du chef de famille qui anime le repas de Youri et de Gania, sa jumelle.

–Ah çà, Youri ! tonne-t-il. Vermine de mes vieux jours ! Vas-tu demeurer encore longtemps le nez en l'air, la bouche ouverte ? Mange ta soupe, nigaud !

Le parler rude de son père n'émeut guère Youri. Ici, tout est sévère : le pays, le climat, les hommes, le langage.

–Mange ta soupe, nigaud… répète Gania, en lui lançant un regard rigolard.

Youri ne l'écoute pas. Dans ses grands yeux rêveurs danse une petite flamme émerveillée. A-t-il la berlue, ou bien l'ombre qu'il vient d'apercevoir derrière le carreau est-elle bien réelle ? En retombant sur la table, le poing de son père fait trembler les écuelles, et redescendre Youri sur terre.

–Hein ? Quoi ? balbutie-t-il.

Ivan Boronov pousse un soupir. « Hein ? Quoi ? » Quel vocabulaire ! Le sien est plus vert, plus imagé, plus truculent ! Il crie, jure, tempête, car il est sage de savoir cacher les excès de tendresse, dans ce pays où l'on doit être fort pour survivre. Taillé comme un ours de la taïga*, avec sa pelisse de fourrure et ses pantalons bouffants qui n'allègent en rien sa silhouette massive, il est souvent épuisé par son rôle de père et de mère qu'il tient depuis douze ans. Très exactement depuis que sa chère femme est morte en donnant naissance à ces deux jeunes monstres.

–Mange, dit-il seulement.

Youri, trapu et solide, est un véritable enfant des steppes avec ses cheveux noirs et raides. Il lui ressemblera plus tard. Gania est le portrait vivant de sa mère. Blonde, menue, avec de grands yeux bleus et rêveurs.

Ivan Boronov, lui, n'a jamais le temps de rêver !

Ainsi, au cas où Youri et Gania songeraient à manger autre chose que du bortsch* et des pirojki*, ils devront s'en contenter.

À peine les écuelles sont-elles vides qu'Ivan essuie sa barbe, repousse son tabouret et lance de sa voix puissante :

–Fini la ripaille ! Faut traire les vaches, rentrer la charrette, farter le traîneau, donner à manger aux poules, vérifier le grillage à cause des renards, fermer le grenier à foin, ranger les échelles, mettre Chupo à la niche, bouchonner la jument, lui donner son avoine et nettoyer l'écurie !

–Ce sera tout, Papa ? ironise Youri.

–Oui, pourquoi ? demande Ivan, étonné.

Le jeune garçon lance un coup d'œil vers la fenêtre. Sortir par cette nuit glaciale n'a rien de réjouissant, toutefois il est pressé de mettre le nez dehors ! Si ce qu'il a vu n'est pas un rêve, c'est fantastique !

À entendre son père, on pourrait croire la ferme immense ! Il n'en est rien. Hormis la pièce où ils se tiennent et qui leur sert de chambre à coucher quand les paravents sont dressés, il n'existe qu'un hangar coupé en deux par une cloison. Les charrettes, les traîneaux, la jument occupent le hangar que l'on appelle pompeusement l'écurie. Les poules et le coq s'y prélassent aussi.

Ivan Ivanovich vient de soulever sa masse imposante.

–Que dois-je faire, Papa ? Nettoyer la table ou aider Yourochka ? susurre Gania, malicieuse.

–Les deux ! répond Ivan, imperturbable.

Il sort.

Gania s'approche de son frère. Que fait-il là, planté devant la fenêtre ? Elle n'a pas les yeux dans ses poches, et elle a parfaitement capté l'expression extasiée de son visage, pendant le souper.

–Tu as vu le diable ? lance-t-elle, narquoise.

– Je vois pas ce que le diable viendrait faire ici. Il ne s'y passe jamais rien !

Sauf ce soir, on dirait, car, soudain, Youri enfile sa veste en peau de renne, enfonce son bonnet jusqu'aux yeux et se précipite vers la porte.

« Tant pis pour la table en désordre », songe Gania qui s'apprête à le suivre.

– Attends-moi ! crie-t-elle.

2

Planté au milieu de la cour verglacée, Youri scrute la nuit.

À l'exception des quatre frères Barky qui traquent douze mois par an les ours, les loups, les rennes, les lièvres, tannent les peaux et s'en vont les vendre à la ville la plus proche, cinq familles de paysans vivent ici de la chasse, de la pêche et de leurs terres. Le pope Alexeï, dont personne ne connaît l'âge exact, s'occupe à la fois de l'école et de l'église. Sa voix, belle et grave quand il chante devant les icônes, finit par s'enrouer à force de vociférer pendant la classe qui rassemble une dizaine d'enfants.

Sergueï Fedov est le seul garçon de leur âge. Hélas, c'est un horrible garnement, plus mauvais qu'un renard enragé.

–Raconte, dit Gania. Tu avais tout d'une chauve-souris surprise par le printemps !

–Mieux vaut ressembler à une chauve-souris qu'à une vilaine petite renarde reniflant ce qui ne la regarde pas ! grommelle Youri, vexé.

Sur le point de riposter, Gania se ravise. Youri est capable de garder son secret pour lui ! Le voilà qui contourne la maison, inspecte la neige, se redresse avec un air de conspirateur, sa sœur sur les talons.

–J'en étais sûr, lâche-t-il seulement.

Sûr de quoi ?

Du hangar, leur père tonitrue :

–Bande de vauriens ! Chacals ! Chenapans ! Vais-je passer la nuit à faire votre travail ?

Gania trépigne :

–Tu vas m'expliquer, oui ou non ?

–Non.

Non ? Elle bondit sur son frère, lui allonge un croc-en-jambe, les voici tous deux qui roulent dans la neige.

–Arrête, petite oie !

–Parle !

–Cours toujours !

– Alors, tant pis pour toi ! Voilà ton dessert ! crie-t-elle en lui fourrant de pleines poignées de neige dans la bouche, les yeux et les narines.

Youri réussit enfin à se libérer et lance, histoire de la désorienter :

– J'ai vu… Aliocha !

Il vient de marquer un point. Muselée, Gania reste assise sur la glace, les jambes écartées, et elle roule des yeux effarés.

– Aliocha ? Celui… du conte ?

– Ouais, déclare-t-il, satisfait.

Lorsqu'ils étaient petits, Ivan leur racontait une très vieille histoire qu'il tenait de Babouchka, leur grand-mère, qui la tenait, elle aussi, d'une aïeule. C'est ainsi que les contes ne vieillissent jamais.

C'était l'histoire d'un petit accordéoniste qui surgissait quand on ne l'attendait pas. Il arrivait, la tête un peu penchée sur l'épaule, son instrument en bandoulière, et il jouait pour les enfants afin de les consoler des peines survenues au cours du jour. Si par hasard, quelque soir, Gania et Youri se sentaient un peu tristes de n'avoir plus de mère, Ivan leur disait : « Attendez, petits, Aliocha va venir jouer pour vous. »

Parfois, ô miracle, un accordéon se faisait entendre dans le village… Était-ce celui d'Aliocha ? À force d'ouvrir les oreilles, les jumeaux finissaient par fermer les yeux et s'endormir.

– Vite ! Comment il était ? souffle Gania. Grand ? petit ? brun ? blond ? Quel âge il avait ?

Youri éclate de rire. Tenir sa sœur en haleine est un régal !

– C'était un gosse ! Comme toi ! lâche-t-il enfin.

Un gosse ? La suprême injure !

En Sibérie, à douze ans, on sait déjà manier un fusil, tenir un couteau, abattre un bouleau – pas trop grand –, dépecer un renne ou un ours – pas trop gros.

– Une gosse, moi ? Hé ! Tu oublies qu'on a le même âge !

Gania est indignée, et Youri a des remords. C'est une chic fille.

– Il avait une crinière blanche…

– Une… quoi ?

– J'ai vu la trace de ses sabots.

– C'était un vieux monsieur ? bredouille-t-elle, ahurie.

Youri est partagé entre l'envie de rire, et celle de dire la vérité :

–C'était un cheval.

–Un cheval ? Quel cheval ? D'où viendrait-il ?

–De la taïga, des steppes, comment veux-tu que je sache !

–Quel rapport avec notre Aliocha ?

Pourquoi les filles exigent-elles toujours des précisions, des détails, une explication ?

–C'en est un autre… Mais celui-là, il a surgi aussi sans qu'on s'y attende ! Il est arrivé, comme ça, pour nous faire oublier cette fichue journée d'école ! Là, tu es satisfaite ?

Gania ne l'est pas.

–Tu crois qu'il appartient à quelqu'un ?

–Bien sûr que non ! Sinon, il ne se baladerait pas en liberté !

–Alors ?…

–Alors ? Eh bien, ce doit être un cheval sauvage.

–Sauvage ?…

–Poisons de mes vieux jours ! tonne leur père, de l'écurie.

–Faut y aller, sinon, c'est la raclée, soupire Youri.

À leur grande surprise, ils trouvent Ivan Boronov paisiblement assis sur le traîneau, les bras croisés sur la poitrine. Il pose sur ses enfants un regard bleu, empreint d'une totale indifférence. Puis, il se lève, passe devant eux et grommelle, ironique :

– Tiens donc ! Vous voilà enfin ! Puisque vous avez tellement envie de vous dépenser, faites donc votre travail… et le mien. Sur ce, salut et bonne nuit !

« Peut-être, suis-je trop sévère ? » pense brièvement Ivan Ivanovich. Mais comme il sait qu'une éducation à la dure les aidera à affronter la vie qui les attend ici, il tourne les talons.

– J'aurais préféré une volée… marmonne Youri.

– … J'aurais préféré chercher cet autre Aliocha, gémit Gania.

Aliocha ?… Où se trouve-t-il en cette nuit glaciale ? Pour quelle raison un petit cheval galoperait-il en solitaire dans cette steppe gelée ? Quelle est son histoire ? De quel nuage magique est-il tombé ? Qu'est-ce qui l'a attiré à Krasnovick, petit village oublié des hommes oubliés ?…

Seraient-ce les chevaux qui décident de leur destin, et non les hommes ?

3

En voyant surgir de l'isba un géant et deux enfants, le jeune cheval a jugé prudent de se cacher derrière le mur de l'écurie, en attendant le moment propice pour déguerpir. Avoir traversé tant de dangers pour retomber entre les mains des hommes, non !

Dans la ferme où il est né, il a vite appris à redouter les humains. Leurs cris, leurs gestes brutaux. Sa mère avait tiré des charrettes en été et des traîneaux en hiver, et les mauvais traitements l'avaient rendue irritable. Elle ne ménageait ni les coups de dents, ni les ruades, et plus d'une fois elle s'était cabrée entre les harnais.

Le premier jour où lui-même avait été attelé, il avait ressenti une révolte identique. Chaque fois que le battant de la grange s'entrouvrait, il éprouvait l'irrésistible envie de déguerpir.

Comme si la nature tout entière l'appelait !

Par un beau matin tiède et ensoleillé, l'occasion s'est présentée. La jument a poussé du nez le battant mal refermé. Avec un hennissement victorieux, elle s'est élancée au-dehors, et il l'a suivie.

Enfin, libres !

Pouvoir batifoler dans la taïga, courir dans la toundra*, se rafraîchir dans les ruisseaux, poursuivre un lièvre, se régaler d'herbes tendres et de feuilles de bouleaux leur avait fait découvrir une autre façon de vivre !

Puis, tout doucement, les arbres s'étaient dénudés, un vent glacial s'était mis à souffler, et le goût de liberté était devenu amer. Après avoir fui les hommes, il avait fallu fuir les loups, la peur au ventre. Pour échapper aux morsures du gel, il se serrait contre les flancs de la jument, mais elle-même avait trop froid pour pouvoir le réchauffer.

Ils ne firent alors que galoper, affamés. Jusqu'à cette nuit de pleine lune : ils furent encerclés par une meute affamée, au poil hérissé, aux babines retroussées sur des crocs pointus.

Tremblante, la jument hennit faiblement et le repoussa, comme pour l'inciter à fuir pendant qu'il en était temps encore. Devait-il obéir à cet instinct maternel qui l'avait toujours protégé ?

Comme il demeurait indécis et immobile, la jument trouva le moyen de se faire obéir : elle lui allongea un coup de dents, suivi d'un coup de sabot.

La douleur, la surprise et la peur firent le reste.

Il prit son élan, bondit par-dessus les loups et se trouva bientôt hors du cercle.

Quand il se retourna, sa mère était déjà la proie des fauves. Ils lui tranchèrent la gorge, et, quand elle s'écroula, ne lui parvinrent que des bruits de mâchoires et des grognements satisfaits.

Terrorisé, il reprit sa course, tel un cheval libre… mais privé de toute protection.

Il avait ainsi galopé jour et nuit, se nourrissant d'écorces, jusqu'à ce qu'il atteigne ce lieu habité où le danger rôde encore.

Des odeurs familières font pourtant frissonner ses naseaux. Celle de la paille, mais aussi celle d'un animal de sa race. Il l'entend hennir si doucement que le petit cheval en tremble d'émotion. Comme il est étrange de se sentir à la fois libre et relié par ce lien mystérieux…

Pour l'heure, il n'ose toujours pas bouger. Alors, il va rester là, à l'abri du blizzard.

Il attendra le lever du jour pour repartir. Avec pour compagne cette liberté qui s'est montrée si cruelle.

4

Ce soir, dans une autre isba de Krasnovick, Sergueï Fedov ne parvient pas à trouver le sommeil. Malgré ses treize ans, ses épaules carrées, ses cheveux blonds coupés ras, ses yeux étirés sur les tempes et son allure de cavalier kirghiz, il se sent frustré, mal dans sa peau. Seul et mal aimé !

Ses parents le voient toujours comme un gosse. Les villageois ne le traitent pas encore en homme. Fils unique, Sergueï enrage d'être né dans un lieu pareil ! Il s'y ennuie. La taïga lui offre l'occasion de calmer sa rancœur : la chasse, poser des pièges, pister un ours, tuer un oiseau. Il prend un tel plaisir à détruire que Gregor Fedov, son père, surnommé Toto-Yoyo, ne fait que répéter : « T'as qu'un ennemi sur terre, Sergueï !… Et c'est toi ! »

Non ! Sergueï en a d'autres ! Ce sol ingrat qu'il déteste ! Ce froid inhumain, le blizzard, cette fichue neige, l'insécurité quotidienne, la perfidie de la toundra.

Sergueï Fedov a la tête remplie de rage, le cœur empli de haine, et seule la violence le soulage. Toto-Yoyo, lui, ne rouspète qu'après ses cochons ! Ce sobriquet que lui ont donné les villageois vient des cris qu'il pousse pour réunir son troupeau.

Tooo tooo ! Ça, c'est pour les faire aller sur la droite ! Yooo yooo ! Ça, c'est pour les faire filer sur la gauche !

« Ridicule ! » fulmine alors Sergueï, qui n'a pour seul avenir que de promener des cochons à son tour !

Caché derrière le mur d'une grange, il a suivi la bagarre des jumeaux d'un œil narquois, jusqu'à ce qu'il entende parler d'Aliocha. Un cheval sauvage ? À lui de le trouver le premier ! Le mater, le dresser, posséder sa propre monture attirera enfin l'attention et le respect des frères Barky.

Jamais il ne laissera ce cheval à ce petit crétin de Youri ! À moins que ce mystérieux animal ne soit qu'une vieille carne ? Dans ce cas, il l'abattra.

Fort de ces bonnes intentions, Sergueï finit enfin par trouver le sommeil.

Le lendemain, un vent de mauvaise humeur souffle sur Krasnovick. Ce vent-là est pire que le blizzard, car il embrouille les idées, et il échauffe les cervelles !

À l'école, le pope Alexeï, le batiouchka comme on l'appelle ici, surpris de l'immobilité de Youri, finit par exploser :

– Youri Boronov, on peut savoir ce que tu fais ?

– Il dort, répond benoîtement Gania.

– Bon sang ! vocifère le batiouchka en tirant sur sa barbe.

– Woh... Qu'est-ce qui se passe ? balbutie Youri, brusquement réveillé.

– Il se passe que tu ajouteras quinze autres pages de Pouchkine à la leçon d'aujourd'hui !

– Qu'est-ce que j'ai fait ? proteste Youri dont la voix qui commence à muer émet d'étranges accents aigus.

– Justement rien ! Tu n'es pas ici pour finir ta nuit ! Bel exemple pour les plus jeunes ! Pour commencer, je te prie de parler moins fort ! ajoute-t-il... en hurlant.

Là-dessus, le vieil homme se tourne vers les « plus jeunes » et scande une table de multiplication en tapant du pied.

Le batiouchka est grand et maigre lorsqu'il enfile sa soutane noire et ses ornements dorés pour célébrer ses offices. À l'école, les tricots qu'il empile les uns par-dessus les autres lui confèrent une corpulence impressionnante. La raison est simple : veuf depuis plus de vingt ans, sitôt qu'un tricot est déchiré, il en enfile un autre par-dessus pour cacher le trou. Ainsi, cette abondance de vêtements cache l'abondance des trous.

De son mariage, le batiouchka a eu onze enfants qui, devenus grands, ont fui Krasnovick dans onze coins différents de la Russie. Ils ont surtout quitté cette existence moyenâgeuse pour entrer dans le troisième millénaire. Tout en déplorant cet abandon, le batiouchka a fini par se consoler avec les enfants des autres. Mais aujourd'hui, le cœur n'y est pas. Ses rhumatismes le taquinent.

– La classe est finie, annonce-t-il avec une demi-heure d'avance.

Les jumeaux, censés faire leurs devoirs chez eux l'après-midi, jubilent. Gania chuchote à son frère :

– Super ! Tu lis Pouchkine, et moi, je résous les équations du batiouchka.

En langage clair, Youri n'aura plus qu'à les recopier sur son cahier. Cette formule leur a toujours fait gagner du temps.

Son travail bâclé, Youri s'empresse d'explorer les environs. Son père est parti chasser à l'aube, et le garçon panique ! Pourvu que les coups de feu n'affolent pas Aliocha ! Mais rien. Aucun signe du petit cheval. Lorsqu'il regagne la maison, c'est pour trouver Sergueï assis dans la paille, avec ce sourire goguenard qui a le don de l'horripiler. Gania se tient devant lui, aussi rouge qu'un coquelicot.

– Qu'est-ce qui se passe ? ronchonne Youri.

– Rien, répond brièvement Sergueï.

– Comment ça, rien ? explose Gania. Il veut que je l'embrasse !

Pourquoi est-elle furieuse ? Parce que Sergueï lui a réclamé un baiser ? Ou bien parce que ce baiser n'est « rien » ?

– Laisse ma sœur tranquille ! lance Youri.

– Tu veux te battre, ourson ? ironise Sergueï.

– Tu vas voir si j'suis un ourson !

– T'en es un, mais…

Nonchalant, Sergueï se lève. Il se dirige vers la porte. « Victoire ! » songe Youri en gonflant le torse.

Il a conclu trop vite. Dans l'entrebâillement de la porte, Sergueï se retourne, le bouscule, et vlan ! Voilà Youri, le nez dans la neige.

Les coups pleuvent. Pensive, Gania compte les points en tortillant le bout de sa natte. C'est la première fois que deux petits mâles se battent pour elle.

Sergueï a la lèvre fendue. L'œil de Youri, à moitié fermé, prendra ce soir les jolies teintes de l'arc-en-ciel. Malgré leur fureur, les deux garçons demeurent lucides, à en juger par leurs exclamations rageuses.

– Hé ! crétin ! Fais gaffe ! Tu vas déchirer ma veste !

– Animal ! Lâche le col de ma chemise, j'en ai que deux !

En Sibérie, mieux vaut économiser ses vêtements.

Quant à Gania, Sergueï l'a complètement oubliée ! S'il frappe ainsi, c'est bien pour se venger de ce cheval qu'il n'a pas eu la chance d'apercevoir ! À califourchon sur le dos de Youri, il hurle :

– Ourson ! Des excuses !

– Jamais !

– Tant pis pour toi, je ne bouge plus.

Il va même jusqu'à esquisser un pas de danse cosaque en prenant appui sur la partie charnue de l'ennemi ! Jamais Youri ne s'est senti aussi humilié. À la façon de son père, il gronde :

– Chacal ! Poison de mes vieux jours ! Je t'arracherai la peau, et j'y taillerai des bottes !

Sergueï lui plonge la tête dans la neige, puis la lui redresse en tirant sur les cheveux raides.

– Et moi, ourson, je vais poser des pièges à l'orée de la taïga !… Qu'en dis-tu ?

Youri n'en dit rien. Cette fois, une chose est sûre : Sergueï connaît l'existence d'Aliocha !

– Essaye un peu, et tu… commence-t-il, la gorge nouée.

La suite reste coincée dans sa gorge. Une poigne solide vient de les soulever, et, avant de réaliser ce qui leur arrive, ils font un double vol plané, puis s'affalent comme des sacs de son, quelques mètres plus loin.

– Louveteaux enragés ! Suppôts de Satan ! Ah ! vous voulez faire les imbéciles ! Eh bien, nous serons trois !… tonitrue Ivan Boronov.

Il s'interrompt, réalise sa maladresse et rectifie :

– J'vais vous apprendre à dépenser votre énergie ! Youri, tu me scieras un stère de bois ! Quant à toi, Sergueï…

Sa phrase reste en suspens. À court d'inspiration, il les plante là, s'arrête devant sa fille, et grommelle en se grattant le front :

– Tu y es pour quelque chose ?

– Non, P'pa, ment effrontément Gania.

Prudent, Sergueï attend que le géant ait disparu pour se relever. Il se tourne vers Youri, et tous deux échangent un bref regard de connivence.

C'est en palpant son nez, plutôt esquinté, que Sergueï rugit à nouveau avant de disparaître à son tour :

– Oublie pas les pièges, ourson !…

5

Au souper, une tête dodeline. Celle de Youri. Quand il en trouve la force, il la redresse, et tourne vers la fenêtre un œil tuméfié.

Son dos est douloureux, scier le bois n'a rien arrangé. Après avoir nettoyé l'écurie, les jumeaux rentrent se coucher. Ils n'ont pas échangé trois mots.

– Tu boudes ? finit par lancer Gania.

– Non, répond-il, laconique.

Aliocha viendra-t-il ce soir ?

Il feint de dormir, et attend que le souffle régulier de Gania se transforme en un léger ronflement, lequel est loin de rivaliser avec celui de leur père. Rassuré, Youri se rhabille, tire un tabouret devant la fenêtre, et s'assied. S'il le faut, il passera la nuit à guetter l'éventuel retour d'Aliocha !

À quelle heure va-t-il venir? Les chevaux ne portent pas de montre au paturon, et la notion du temps leur échappe! Tout doucement, Youri pique du nez... et le voilà tout à coup emporté sur la plus haute branche d'un sapin!

Que fait Diada Sim à ses côtés? Diada Sim est un petit homme malicieux. Un personnage de conte. D'une voix frêle, Diada Sim interpelle ses amis les écureuils:

– Venez, venez mes petits!

Et les écureuils d'accourir, puis de grimper sur l'épaule de Diada Sim pour bondir ensuite sur les genoux de Youri. Ces vauriens lui chatouillent les doigts et les grignotent.

– Ce ne sont pas des noisettes! crie-t-il.

Et les écureuils... de hennir si fort que Youri dégringole de sa branche et se retrouve, éberlué, sur le sol.

Que fait-il dans cette posture?

A-t-on jamais entendu un écureuil hennir?

Un second hennissement achève de lui remettre les idées en place... Aliocha! Il en oublie de mettre son bonnet, d'enfiler sa veste, de prendre une torche et se rue au-dehors. La neige tombe drue, le blizzard lui coupe le souffle. Soudain une silhouette gigantesque se dresse devant lui, et deux sabots retombent sur la terre verglacée.

– Aliocha !

Un hennissement de terreur résonne dans l'obscurité. Il est suivi par les hurlements des loups qui se jettent à la poursuite de leur proie. Le petit cheval n'attend pas le dégel pour s'échapper au grand galop !

Impuissant, la peur au ventre, Youri écoute décroître le bruit des sabots.

Du hangar lui parviennent les ruades affolées de Briska, leur jument. Elle a senti la présence des loups. Chupo aboie avec fureur. Terrorisées, les volailles caquettent. Ce raffut va finir par ameuter tout Krasnovick !

À tâtons, les jambes molles, Youri se dirige vers le hangar. Mais faut-il qu'il ait la cervelle mitée pour saisir à mains nues la barre d'acier qui ferme le portail ! La douleur est fulgurante. Par moins quarante degrés, ses mains se retrouvent collées sur l'acier. Il serre les dents, et tire d'un coup sec. Des lambeaux de peau restent accrochés à la barre. Les larmes lui montent aux yeux. Or, ses larmes aussi vont geler !

« Ce n'est pas ainsi que l'histoire d'Aliocha aurait dû se terminer… », songe-t-il en refermant le portail derrière lui. Il appuie sur l'interrupteur. Une faible lueur éclaire les lieux et ses mains écorchées vives. Vite !

Le pot de graisse à traire ! La dernière vache est morte l'été dernier, mais, coûte que coûte, il doit enduire ses mains d'un corps gras, à défaut d'autre chose. Il finit par découvrir cet onguent de fortune sur une étagère… entre un vieux bonnet et un nid de souris.

Toujours nerveux, Chupo suit chacun de ses gestes. Briska se colle contre la paroi, et hennit doucement. Youri s'approche et effleure le chanfrein soyeux.

– Tu crois qu'Aliocha va s'en tirer ? murmure-t-il, les yeux pleins de larmes.

Ni l'un ni l'autre ne sauraient répondre.

Alors, pour calmer son angoisse, Youri s'assied à croupetons, les pieds à plat sur le sol, les mains jointes sous le menton, et il se balance d'avant en arrière, jusqu'à ce que son souffle redevienne régulier… Jusqu'à ce que ses pensées s'éclaircissent. Jusqu'à ce que ses peurs s'enfuient.

Cette coutume ancestrale a toujours su apaiser les hommes, leur faire accepter leur destin, et les empêcher de se demander si ailleurs – sous d'autres cieux plus cléments – l'existence est plus facile.

Le museau entre les pattes, allongé devant lui, les yeux à moitié cachés par son épaisse fourrure blonde, son fidèle husky le regarde…

6

– Youri Ivanovich ! Vois ton père ! L'homme le plus fort de toute la Russie ! Rien ne peut abattre le vieil arbre que je suis ! Hoï ! Hoï !

Debout devant la glace ébréchée qui ne lui renvoie qu'une partie de sa bedaine, Ivan Boronov pique sa crise d'enthousiasme. Ça le prend de temps en temps, et, comme il lui faut un auditoire, Gania et Youri en font les frais.

– Youri ! Tu m'écoutes ?

Youri ouvre un œil.

– Oui, Papa, répond-il d'un ton morne.

Brusquement, les souvenirs reviennent. Aliocha. Les loups. Youri s'est glissé au lit tout habillé. Il s'est endormi comme une pierre… Si seulement son père pouvait crier moins fort ! Le voilà maintenant qui se frappe la poitrine de ses mains larges comme des roues de charrette.

–Ah, fiston ! Sais-tu d'où vient mon humeur exceptionnelle, ce matin ?

Personne ne l'a jamais su.

–N… on, Papa…

–Non ! Oui ! C'est tout ce que tu sais dire ?

–Non, Papa. Enfin, oui… je peux dire autre chose !

–Surtout pas ! Tu n'es qu'une larve endormie. Quelle honte ! Je ne connais pas un village qui soit plus beau que Krasnovick !

–Tu n'en sais rien, Papa ! Tu n'as jamais quitté Krasnovick…

Le géant se retourne, furieux.

–Tout compte fait, contente-toi de dire oui ou non ! Compris ?

–Oui, Papa.

Ivan Boronov jette un dernier coup d'œil à la glace. Le voilà désemparé. Il hésite. Les enfants ont gâché son bref moment de délire !

–Au fait… ta sœur dort encore ? lance-t-il, pris de remords.

–Plus maintenant ! ironise Gania derrière le paravent.

– Petite fouine ! Me suis-je adressé à toi ?

– Non, Papa.

– Oui ! Non ! Voilà que ça recommence ! La Russie doit avoir honte de vous avoir engendrés !

Gania montre alors un visage rieur, et souligne suavement :

– C'est pas la Russie qui nous a engendrés, Papa ! C'est toi !

La patience a ses limites. D'un geste rageur, Ivan Boronov boutonne sa pelisse, jette sur sa progéniture un coup d'œil méprisant et déclare :

– Je vous laisse mijoter !

Puis, il ouvre la porte de l'isba, sort, oublie volontairement de la refermer. Rien de tel qu'un peu d'air glacé pour ranimer ces marmottes ! Quelle honte ! À leur âge… Hum ! À leur âge, il n'était guère différent. Aussi, revient-il sur ses pas pour claquer bruyamment le battant.

– Pauvre Papa ! lance Gania, amusée.

– Pauvre Aliocha, gémit Youri.

– Aliocha ?… Tu l'as revu ? Vite, raconte !

Gania abandonne les galettes de sarrasin qu'elle s'apprêtait à mettre au four pour s'approcher de son frère toujours enfoui sous l'édredon.

Youri se mord les lèvres. Il en a trop dit.

– Non. Je suis malade, laisse-moi tranquille.

– Malade ? Je vais chercher le batiouchka.

– Surtout pas ! hurle Youri.

Le batiouchka n'a pas son égal pour arracher les dents gâtées, percer un abcès et même aider les femmes à mettre les enfants au monde.

Il n'a aucun mérite à n'avoir pas son égal, vu qu'il n'y a pas de docteur à Krasnovick. En revanche, ses remèdes sont redoutables. Des herbes, trois gouttes de vodka, des jaunes d'œufs, de quoi ressusciter un mort !

Youri bondit sur ses pieds.

– Je suis malade, mais de faim ! Tiens, dis-lui plutôt que j'ai des coliques, et que j'irai à l'école demain.

Gania réfléchit, hésite, puis conclut :

– À charge de revanche, alors ?

– Ouais.

Ces arrangements font partie de leur code d'honneur.

7

C'est l'image d'un petit cheval blanc qui pousse Youri à aller de l'avant. Il chausse ses raquettes, glisse un poignard dans l'une de ses bottes, roule une corde autour de sa taille, prend la boussole… et s'enhardit à décrocher le fusil que son père lui prête… Parfois !

Les paroles de Sergueï lui trottent dans la tête.

Va-t-il vraiment poser des pièges ?

Lorsqu'un chasseur les installe dans la taïga, il marque les arbres afin d'avertir ses compagnons. Aussi, Youri avance prudemment, et ouvre les yeux. La réverbération du soleil sur la neige les brûlent ; il marque une pause pour frictionner ses paupières avec une poignée de neige. Ça lui fait encore plus mal, mais la circulation se rétablit. Ce n'est qu'après une heure de marche, qu'il commence à mesurer les conséquences de son escapade. Le voilà seul. S'il lui arrive quelque chose, qui le retrouvera ?

– Avance !... se répète-t-il pour se donner du courage.

D'où lui vient cet acharnement à retrouver un cheval qu'il n'a fait qu'apercevoir ? De quelle nature est ce lien mystérieux qui semble déjà les unir ?

Est-il censé risquer sa vie pour un animal qu'il ne connaît pas... qui est sans doute déjà loin... qui ne reviendra jamais... que les loups ont peut-être dévoré ?... C'est quoi, cette petite voix qui lui souffle qu'Aliocha est déjà son ami ?

Il se calme. C'est rudement agréable de se sentir libre ! D'avoir pris cette décision. De ne s'en prendre qu'à lui-même s'il a commis une imprudence. Il est vrai que chercher un petit cheval dans cette immense taïga se révèle aussi ambitieux que de vouloir dénombrer les étoiles de la Voie lactée... Et pourtant, s'il y renonce, il ne se passera pas un jour sans qu'il soit labouré par les remords et les regrets.

Sans hésiter, il se dirige vers la forêt. S'il était un cheval, il ne se serait pas enfui dans la steppe, où les loups auraient eu vite fait de le rattraper.

Alors, il continue à marcher. Droit devant lui.

Soudain, Youri tressaille. Il vient d'entendre un gémissement. Il s'arrête, scrute les taillis.

– Aliocha ? appelle-t-il, sans trop y croire.

Une force invisible le pousse en avant. Hélas, la fatigue le fait trébucher, ses raquettes s'emmêlent, il bascule cul par-dessus tête dans la neige et lâche le fusil.

Le voici allongé de tout son long sur le ventre, lorsqu'un hennissement plaintif résonne dans le grand silence ouaté.

Aliocha ! Youri plisse les yeux. Quelle est cette forme mouvante entre les arbres ? Tant bien que mal, le garçon parvient à se redresser. Cette fois, aucune erreur n'est possible !

– Tiens bon, Aliocha ! Te sauve pas !

Se sauver, le cheval n'y songe pas. Il reste vissé au sol, déséquilibré par sa jambe gauche enfoncée dans la neige. Plus de fuite, plus de liberté : la solide mâchoire d'acier s'est refermée sur sa jambe. Aliocha le sait, le sent, son instinct ne l'a jamais trompé. Seul ce garçon peut lui sauver la vie.

En deux bonds, Youri est près de lui.

– Ne crains rien… murmure-t-il

Aliocha tourne lentement la tête.

« Dépêche-toi… Je souffre », semblent dire les grands yeux humides.

Youri est horrifié. Sergueï a exécuté sa menace ! Comme un lâche. Sans même marquer les arbres !

– Ne bouge pas, ajoute-t-il en se penchant sur ce maudit engin. Je vais m'y prendre le plus…

La fin de la phrase s'étrangle dans sa gorge. Une silhouette se dandine à contre-jour. C'est une montagne de chair, d'os et de fourrure qui se dirige droit sur eux. Deux petits yeux cruels les fixent. Un grognement s'échappe de la gueule béante qui s'approche… C'est de cette gueule grande ouverte que jaillit la fureur du maître absolu de la taïga.

De toute éternité, l'ours déteste les intrus qui viennent troubler ses rêves de grandeur.

Mais il les déteste plus encore lorsque l'audace les pousse à s'aventurer sur le territoire qu'il a choisi pour hiberner.

8

Ce n'est qu'un jeune ours… Mais ce michka, ainsi que les enfants des villes appellent leur ours en peluche, n'a rien de débonnaire ! Des muscles puissants roulent sous sa fourrure épaisse. Il est dressé sur ses pattes postérieures, et son cri ininterrompu prend le ciel à témoin du crime de lèse-majesté dont il est victime. Lui, le prince de la taïga !

Une bave blanchâtre coule de la bouche d'Aliocha. Le petit cheval est terrorisé. Avoir échappé aux loups la veille pour tomber dans un piège et risquer de se faire déchiqueter par un ours, c'est un peu trop ! Aliocha ne conserve plus le moindre espoir de galoper un jour, libre et heureux !

Youri n'est pas moins terrifié. Son cœur bat si fort qu'il peut à peine respirer. Il doit agir vite. Il s'empare de son fusil, ajuste son tir, appuie sur la détente…

Le coup de feu arrache la forêt à sa torpeur. L'écho se répercute, sinistre. Des busards s'envolent bruyamment. Ils ne se régaleront pas du petit cheval !

L'ours chancelle, mais ne tombe pas. Plus furibond que jamais, il continue d'avancer et de gueuler. Youri s'affole, tire un second coup de feu qui se perd quelque part dans les arbres. Maintenant son arme est vide, et il n'a plus le temps de la recharger.

C'est un cauchemar. Il sort son poignard. Sa gorge est nouée, il a envie de crier et de pleurer, et il ne sait ni comment ni où frapper ce monstre qui… s'écroule subitement sur lui, l'enfouissant sous des kilos de chair et d'os.

Le petit cheval tente à nouveau de se débattre. Sa plaie s'agrandit, son instinct l'avertit : le froid va l'engourdir, et bientôt il s'endormira pour ne plus se réveiller. Et son allié, qui vient de disparaître devant ses yeux, ne peut plus rien faire pour l'aider.

D'abord assommé par le choc, Youri reprend très lentement ses esprits. Il ne voit rien. Il n'entend rien. Il étouffe sous le poids de l'ours et il n'ose pas bouger.

Quelque chose de chaud et de gluant dégouline sur son visage. Il a mal visé, et l'ours n'est que blessé… Il va se relever et sa fureur n'en sera que plus terrible. À moins que…

Il attend. Puis, tout doucement, centimètre par centimètre, il parvient à se dégager. L'ours ne réagit pas. Et pour cause !… Il est raide mort ! Alors d'un seul coup, Youri laisse exploser sa joie :

– J'ai tué un ours ! hurle-t-il.

« Et alors ? » semble exprimer le hennissement plaintif du petit cheval qui est en train d'agoniser.

Son poignard, vite ! Où est-il ? Dans le poitrail de l'ours ? Le récupérer lui prend un temps infini. Vite, Aliocha ! Il se précipite vers son ami. Son ami, bien sûr ! Quand on vient de vivre une telle aventure, on ne peut qu'être amis pour toujours ! S'il vit encore ?

Il glisse la lame d'acier entre les dents du piège qui finit par céder. Mais cette fois, c'est le petit cheval qui ne bouge plus. Épuisé, il s'est laissé glisser dans la neige. Ses yeux sont déjà vitreux…

Oh ! comme il mérite son nom de légende, Aliocha ! Il est si blanc, si beau avec sa crinière abondante, ses longues jambes fines, et une petite étoile grise sur le front.

Youri commence à le frictionner avec de la neige et lui débite tout ce qui lui passe par la tête pour lui donner du courage.

– Tu vas t'en sortir, petit frère !… Les pièges, c'est pas mortel !… Une fois, j'ai vu une patte de renard coincée dans un collet… Pour retrouver sa liberté, le renard se l'était tranchée avec ses dents…

À l'évidence, le cheval n'écoute pas. En revanche, lorsque Youri déroule la corde pour l'aider à se relever, Aliocha retrouve ses forces. Il se relève en titubant. Ce bout de chanvre, il connaît ! Se laisser attacher à nouveau, jamais ! Il roule des yeux furieux et encense* si violemment que la corde s'envole, et le garçon aussi !

Youri se relève, exaspéré et déçu. C'est la guerre ?

Ils se regardent.

– Et si je te laissais tomber, hein ? murmure-t-il.

… Jadis, quand il était petit et que son père l'emmenait en forêt, il adorait lâcher la main paternelle et filer droit devant lui, histoire de montrer son indépendance !

Ivan Boronov ne bronchait pas.

Il s'arrêtait, regardait son fils s'éloigner avec une suprême indifférence, et Youri, inquiet, rebroussait chemin. Une lueur railleuse dansait alors dans les yeux bleus d'Ivan.

Cette leçon serait-elle valable pour un cheval ?

Youri s'écarte, ramasse ses raquettes endommagées, les rafistole tant bien que mal, et fait trois pas. Puis, il s'arrête, sans se retourner, et il attend. Le cœur battant.

Il doit laisser venir le cheval à lui, et non imposer sa loi.

Un siècle s'écoule… Mais le coup de tête qu'il reçoit enfin au bas du dos semble prouver que la méthode n'est pas si mauvaise !

Il se retourne, ses yeux brillent de bonheur.

– Tu veux bien me suivre ? chuchote-t-il, en enfouissant son visage dans la crinière d'Aliocha.

Pour toute réponse, il sent un souffle chaud sur son visage. Est-ce une promesse ? Il devra s'en contenter, le retour sera laborieux, et rien n'est gagné.

Mais quand on a un ami, ne peut-on affronter tous les dangers ?

9

C'est un sentiment confus, mêlé de curiosité, de colère, qui pousse Sergueï à revenir sur le lieu où il a posé son piège. Il y a une chance sur un million pour que le petit cheval soit passé par là, mais il n'est pas question de laisser s'envoler cette chance ! Il veut ce cheval, et puis... peut-être un ami, lui aussi ? n'ose-t-il s'avouer.

– Ça veut dire quoi ? grommelle-t-il, désorienté, en découvrant les mâchoires d'acier ouvertes et ensanglantées, des traces de pas et de sabots... et le cadavre d'un jeune ours !

A-t-on jamais vu un chasseur digne de ce nom abandonner une si belle fourrure ? Un chasseur ? Lequel ? Certainement pas les frères Barky !... Youri ? Impossible. Ce gamin est bien trop couard pour s'aventurer seul dans la taïga. De plus, il n'est pas de taille à tuer un ours.

Le premier réflexe de Sergueï est de sortir son poignard. Cette fourrure lui revient ! Hélas, la tâche se révèle plus ardue que prévu. L'ours est déjà gelé. Le dépecer devient plus répugnant que d'égorger un cochon.

Maudits soient-ils tous !

À peine réussit-il enfin à enrouler tant bien que mal l'épaisse fourrure, que le voici à nouveau perplexe.

Que va-t-il en faire ? La rapporter à Krasnovick ? Elle est bien trop lourde. Mieux vaut revenir dans une heure avec un traîneau.

Par mesure de prudence, Sergueï décide de regagner Krasnovick en faisant un large détour pour ne pas attirer l'attention. Mais il n'a pas parcouru une verste* que soudain le sol se dérobe sous ses pieds. Sa chute est interminable. Le ciel disparaît lorsqu'il touche le fond de cette trappe creusée par des chasseurs. Les amas de branches et de neige qui la recouvraient pleuvent sur sa tête. Le voilà prisonnier d'un véritable cercueil de glace. La situation est critique.

Il lâche une bordée de jurons, puis, sans transition, il éclate en sanglots, et la terreur lui laboure le ventre.

– Au secours ! hurle-t-il.

Qui pourrait l'entendre? Sa voix est étouffée par la profondeur du trou. Fébrilement, il tente de tailler des encoches dans les parois dures comme de la pierre à l'aide de son couteau. Il se hisse péniblement d'un mètre, son poignard lui sert d'appui… Et après? Un feulement lui fait lever la tête. Au bord du trou, «on» l'attend!

…On? Sergueï aperçoit deux oreilles. Puis, deux yeux verts pailletés d'or. Un tigre? Il peut être féroce, ce petit tigre sibérien… Et quand il feule et feule encore, ses babines découvrent des dents très pointues.

Cette fois, c'est la panique! Son fusil, où est son fusil? À tâtons, il finit par le retrouver enfoui sous les débris. Le félin s'impatiente. Sergueï attend qu'il cesse de bouger pour appuyer sur la détente. L'animal s'immobilise enfin. Le coup de feu claque. Un hurlement rauque lui fait écho, et tout se passe très vite.

Une douleur aiguë lui transperce l'épaule… et sa victime bascule à son tour dans le trou.

Collé contre la paroi pour éviter les griffes qui continuent de battre l'air à quelques centimètres de lui, Sergueï ferme les yeux. Le félin n'en finit plus d'agoniser. Il voudrait ramasser son fusil, il est trop loin… Il voudrait en finir avec cet animal, ne plus l'entendre, car cette agonie est aussi la sienne. Quand il rouvre les yeux, le tigre a cessé de vivre, et bientôt ce sera lui. Terreur, révolte, hystérie le collent à ce sol hostile, à cette terre misérable qu'il a toujours haïe, à ses compagnons qui n'ont jamais rien fait pour lui ! Et tout se mêle dans sa tête.

Il croit entendre la voix de son père : « À toi de te tirer du pétrin dans lequel tu te fourres… »

Puis celle du batiouchka : « Nos vastes steppes ne vous inspirent-elles pas un sentiment de liberté ? »

La liberté ? Où ça ? Elle ne lui a jamais été accordée. Il n'a connu que ce profond malaise qui a fini par l'isoler, par dresser une frontière infranchissable entre ce qu'il est et ce qu'il aurait voulu être.

Être quoi ?

Quels que soient les projets qu'il pourrait échafauder, il est né pour marcher sur les traces de son père. Pour rester prisonnier de ce hameau privé d'avenir, d'ambition, de gloire, d'argent, de confort.

Ou bien mourir ici comme un chacal !

Alors, comme à présent il n'y a plus personne pour le juger, Sergueï Fedov baisse les bras, se laisse tomber sur les genoux, et se met à gémir et à répéter inlassablement, comme un tout petit garçon :

–Mamienka… Mamienka…

10

Clopin-clopant, Youri et le petit cheval s'essoufflent vite. Youri a déjà dû s'arrêter plus de vingt fois pour rattacher tant bien que mal ses raquettes, Aliocha boite bas. Le ciel est plombé et la bande de putois affolés qui vient de passer devant eux ne lui dit rien qui vaille.

– J'aime pas ça, murmure Youri. Ça sent la tempête de neige.

Redoutables sont ces tempêtes de neige qui durent parfois plus d'une semaine. Gare à ceux qui, bien au chaud dans l'isba, portes et fenêtres calfeutrées, ont oublié leur pelle dans l'étable, car la neige forme très vite des congères qui bloquent toutes les issues.

Hommes et bêtes finissent par fraterniser. Les loups viennent parfois se réfugier dans le hameau, ils s'abritent contre les murs, et, lorsque le calme revient, on les découvre morts sous des tonnes de neige.

On dirait qu'Aliocha renifle aussi le danger. Ses naseaux frémissent, ses oreilles sont couchées en arrière. Et lorsque soudain un coup de feu claque, il laisse échapper un hennissement de terreur.

À l'inverse, Youri éprouve un immense soulagement. Ils ne sont plus seuls. Il y a des chasseurs dans la forêt. Il leur faut coûte que coûte les rejoindre.

Ils se dirigent aussitôt vers le lieu d'où est parti le coup de feu.

–Houp ! Hooo ! appelle Youri, tout en marchant.

Lui parviennent soudain de longs gémissements qui le guident jusqu'à une fosse béante. Youri se penche. Il ne voit rien.

–Ce n'est qu'une bête qui s'est fait prendre, on continue, décide-t-il, déçu.

Aliocha ne bouge pas.

–Avance ! s'impatiente Youri.

Le petit cheval encense, il semble irrité, on dirait qu'il essaye de se faire comprendre. Mais qu'y a-t-il à comprendre ? Youri le regarde, perplexe. Il se penche à nouveau.

–Ho, ho ! Y a quelqu'un là-dedans ?

–Oui… gémit une voix misérable.

–T'avais raison, Aliocha ! lance Youri, en se retournant vers le petit cheval.

Aliocha découvre ses dents, et, cette fois, on dirait qu'il rit !

–Qui est là ? continue Youri.

–Moi… répond naïvement Sergueï.

Il a si froid, si mal, si peur qu'il se demande s'il ne délire pas, et si cette voix étouffée est vraiment celle d'un être humain.

–Je vais te lancer une corde, accroche-toi ! dit Youri en déroulant celle qu'il a enroulée autour de sa taille.

–J'peux pas… J'suis blessé…

–Alors, glisse-la sous tes bras, et essaye de faire un nœud !

Youri aura-t-il la force de le hisser sans risquer d'aller rejoindre l'autre au fond du trou ? Il se tourne vers Aliocha :

–Puisque tu es si malin, aide-moi !

Il tente de lui passer l'autre bout de la corde autour du cou, ce n'est pas du goût d'Aliocha. Le voilà prêt à ruer. Mais comme la plaie ouverte de sa jambe l'en empêche, il finit par se laisser faire, non sans répugnance.

– On y va, Aliocha ! Recule et tire !

Aliocha a compris. Ils ont beau s'y mettre à deux, le bonhomme est lourd ! Qui est-ce ? Un trappeur ? Où est passé son traîneau ? Où est passé son chien ? se demande Youri.

Pour Sergueï, la remontée ne se révèle pas moins périlleuse… En apercevant enfin un coin de ciel gris, il reprend espoir. Mais quand, au bord du trou, un juron l'accueille, il roule des yeux terrifiés. Cette fois, il est fichu !

… Youri Boronov ! Il ne manquait plus que lui ! Il va tout lâcher ! Il attend quoi pour le faire ?

– Salopard ! Crapaud ! Crapouille ! Nous aurions dû te laisser croupir comme un rat ! hurle Youri.

Nous ? Qui donc est avec lui ?

– Tu méritais le sort que tu réservais à mon cheval !

Mon cheval ? Sergueï aperçoit alors Aliocha, et, du coup, il tombe évanoui pour de bon.

Derrière eux, Aliocha piaffe et secoue sa crinière. Ces cris ne lui rappellent que trop ceux de la ferme. L'envie de déguerpir le démange à nouveau.

Trop tard !

– Bouge pas, Aliocha !

Youri empoigne l'ennemi par le collet, l'arrache hors de la fosse, lui allonge un coup de botte dans le bas des reins… et le balance sur le dos d'Aliocha avant de détacher la corde !

Trois claques solides assénées avec bonheur ont ranimé Sergueï. À présent, l'équipage qui chancelle dans la tornade manque nettement de panache ! On réglera les comptes à Krasnovick, si toutefois on y arrive. Sergueï, à califourchon, s'accroche à la crinière du jeune cheval. Ce n'est pas vraiment ainsi qu'il avait imaginé le monter !

Le vent soulève des tourbillons de neige. La visibilité est nulle. Sans la boussole, ils n'auraient eu d'autre choix que de rester sur place.

Marcher… marcher… marcher… Un pas… un autre. Youri n'en peut plus, il s'arrête, se colle au petit cheval. Si Aliocha s'écroule, ils s'écrouleront avec lui !

C'est alors qu'un son aigrelet, qu'il pensait ne plus jamais entendre, résonne dans le lointain.

… La cloche de la petite église du pope Alexeï !

Sauvés ? Pas encore. Pris dans la bourrasque, un arbre chancelle, ses racines soulèvent le sol, et le géant de la forêt hurle à l'agonie avant d'amorcer lentement sa descente.

– Galope, Aliocha, galope ! hurle Youri, terrifié.

A-t-il donc oublié qu'Aliocha ne peut même plus trotter ?

11

Ivan Ivanovich est rentré plus tôt que de coutume. Un seul coup d'œil sur les nuages sombres lui a suffi. Aussi, lance-t-il à sa fille :

– Allume le poêle dans l'écurie ! Fais des provisions d'eau et de nourriture ! Emporte de quoi nous vêtir pendant une semaine. Et n'oublie ni la pelle... ni la bouteille de vodka !

Gania devient toute pâle. Vivre avec les bêtes est sage, sinon comment les nourrir ? Mais ce n'est pas aux bêtes qu'elle pense :

– Youri est rentré, Papa ?

– Pourquoi ? Il est parti ?

– Heu... oui... dans la taïga, Papa.

– Quand ça ?

– Ce matin, avoue Gania, d'une toute petite voix.

– Ce matin ? Attends un peu…

La mémoire lui revient vite, et il rugit :

– Et l'école ? Essayes-tu de me dire qu'il y va quand ça lui chante ?

Il soulève brusquement Gania, la tient à bout de bras comme un fétu de paille, et yeux dans les yeux, il rugit encore :

– Quel prétexte avez-vous trouvé, cette fois ?

– Des coliques… P'pa…

– Original ! aboie-t-il.

Il la repose à terre, et la gratifie de deux gifles.

L'une pour lui apprendre à couvrir les mensonges de son frère, l'autre pour Youri qui n'est pas là pour la recevoir.

Un extra dont Gania se serait volontiers passée.

Sur ce, la porte s'ouvre avec fracas, et toutes voiles dehors, le batiouchka pénètre dans la pièce, Gregor et Marcha Fedov sur ses talons.

Le visage de Marcha est rouge. Toto-Yoyo essuie fébrilement son nez qui coule de septembre à mai.

– Je n'ai pas vu Sergueï à l'école ce matin ! Il est ici ? gronde le batiouchka.

Ivan les regarde, ahuri.

– Pourquoi y serait-il ?

Soupçonneux, il se tourne vers Gania.

– Ton gredin de frère a filé avec lui, hein ?

– Bien sûr que non !

– Pourquoi « bien sûr » ? piaille Marcha.

– Que caches-tu, grenouille ? renchérit son époux.

– Ce n'est pas une grenouille, mais une menteuse, rectifie le batiouchka, qui n'a pas davantage gobé la belle excuse que Gania lui a servie ce matin.

– Appelle ton fils, Ivan, il sait peut-être où est le mien ? rugit Toto-Yoyo.

– Pourquoi le saurait-il ? grommelle Ivan.

Puis son regard tombe sur les crochets où l'on suspend les fusils. L'angoisse et la colère le font exploser :

– Sacripant ! Il manque un fusil !

Au mot « fusil », le silence retombe.

– Sainte Mère de Potachiev ! gémit le pope. Un fusil ! Ils sont partis avec un fusil ? Maudite jeunesse ! J'ai toujours dit que ces engins du diable ne créeraient que des catastrophes.

Ivan Ivanovich passe une main exaspérée sur ses cheveux déjà ébouriffés.

– Je voudrais bien t'y voir, petit père, à tuer des ours avec un lance-pierre !

–On n'a pas besoin de les tuer, conclut le batiouchka avec une mauvaise foi évidente.

En d'autres circonstances, ce genre de bagarre se terminerait chez lui. On se réconcilierait devant le samovar. Le pope décrocherait sa balalaïka, Toto-Yoyo ferait gémir son accordéon, et hop ! tout le monde chanterait et danserait.

Pour l'heure, il ne faut pas y compter. Youri et Sergueï se sont volatilisés.

–Il ne nous reste qu'à prier, conclut le batiouchka, qui ne voit pas d'autre moyen pour leur clouer le bec.

–Prier ! Prier ! protestent les trois parents.

–Vous avez autre chose à proposer ?

Il se redresse, quitte la pièce avec la certitude absolue que ses ouailles vont le suivre.

Et elles le suivent.

Dans l'église, il enfile ses ornements, allume les bougies de cire jaune devant les icônes. Peu à peu, après avoir barricadé portes et fenêtres, les habitants de Krasnovick ne tardent pas à se glisser dans sa petite église de bois.

–Sonne la cloche, Gania, et ne t'arrête pas, ordonne-t-il.

« Drôle d'idée ! » pense Gania.

Mais le batiouchka sait ce qu'il fait. Il porte loin, le son cristallin de la petite cloche de bronze.

Gania tire inlassablement sur la grosse corde, qui monte et descend si vite que la cloche s'affole. Pourquoi a-t-il fallu qu'un petit cheval blanc soit venu mettre la pagaille ici ?

– Maintenant, rentrez chez vous et priez pour que les toits ne s'envolent pas ! déclare le pope, la prière finie.

Une luminosité glauque cueille les habitants sur le seuil de la chapelle, quand soudain se profile au loin la silhouette d'un cheval. C'est tellement insolite qu'une femme s'écrie, en se signant trois fois :

– C'est le cheval de saint Michel qui ramène des âmes damnées !

Et les voilà tous plongés dans l'affolement.

– Mais non ! tonne le batiouchka, en apercevant les deux garçons qui titubent sous les bourrasques du vent. Ce sont Sergueï et Youri !

Quant au cheval, le pope Alexeï n'en sait pas plus qu'eux, et peu importe ! Le miracle a eu lieu !

C'est la raison pour laquelle il laisse les hommes voler au secours des garçons, et revient se prosterner devant les icônes.

Quand on est vieux et seul, parce que ses onze enfants se sont éparpillés dans la nature pour gagner quelques roubles de plus à la ville, il faut bien que des miracles se produisent dans ce hameau oublié des hommes oubliés !

Puis il se ravise. Grâce à son grand âge, n'est-il pas la bibliothèque vivante de tout un passé ? Et de se demander, en toute modestie, s'il n'est pas lui-même… un miracle !

12

La tempête a redoublé de violence, Ivan Ivanovich n'a eu que le temps de pousser ses enfants dans le hangar. Avec la jument, les poules, les canards, le chien. Il est si heureux d'avoir retrouvé son fils que, dans l'obscurité et la bousculade, il en oublie le petit cheval que Youri a fait entrer aussi. Tant bien que mal, car Aliocha n'apprécie pas d'être enfermé. La jument le regarde, étonnée. « D'où il sort, celui-là ? » expriment les yeux veloutés de Briska.

Non moins étonné, Ivan Ivanovich lance enfin à son tour :

– Hé ! C'est quoi, ça ?

– Un cheval, Papa, répond Youri, croyant faire un trait d'esprit.

–Je le vois bien, petit imbécile !

La joie du petit imbécile est bien trop grande pour en être troublée.

–Je l'ai appelé Aliocha. C'est un cheval sauvage !

Son père éclate de rire :

–Sûrement pas. S'il était sauvage, il ne t'aurait pas suivi !

–C'est parce qu'il m'aime !

–Sûrement pas, c'est parce qu'il avait faim.

–Eh bien, il n'aura plus jamais faim ! Parce que maintenant, c'est mon cheval !

–Sûrement pas, enchaîne Gania, en imitant son père. Pourquoi serait-il ton cheval ?

–Si. C'est moi qui l'ai trouvé !

–Oui, mais je suis l'aînée !

–Je ne vois pas comment ? glousse-t-il.

–J'ai dix minutes de plus que toi, c'est Papa qui me l'a dit !

–Silence ! tonne Ivan Ivanovich. Youri, tu ferais mieux de nous dire où tu l'as déniché, ce cheval !

Youri raconte. Le piège posé par Sergueï. Son père s'indigne. Mais comme Youri se vante d'avoir tué un ours, le ton change.

–Un ours ?… Où est sa fourrure ? explose Ivan.

–Heu… je l'ai laissée sur place.

–Sur place ?…

Aliocha s'énerve, Youri gémit :

–Tu lui fais peur avec tes cris !

–Moi, c'est le grain de poivre qui te tient lieu de cervelle qui me fait peur !

Le calme retombe.

« À quoi peut songer un petit cheval qui, habitué à l'air pur de la steppe, se retrouve confiné dans ce lieu aux odeurs peu agréables ? » se demande Youri. Aliocha reste immobile près de Briska, sa belle robe blanche est agitée de petits frissons irrités.

– Tu veux bien soigner la jambe d'Aliocha, Papa ? reprend Youri.

–Oui, mais tiens-le, je risque de lui faire mal.

Ivan examine la plaie, la désinfecte. N'ayant que de la vodka sous la main, il en verse un peu sur la profonde incision. Puis, comme en guise de remerciement Aliocha lui allonge un coup de sabot, Ivan Ivanovich s'en offre, à son tour, une solide gorgée.

–Il a un muscle esquinté, il boitera, déclare-t-il.

Et c'est reparti pour un tour !

–Il ne boitera pas ! proteste Youri.

–Il boitera, j'ai dit !

– Non !

– Si !

Youri enfouit son visage dans l'opulente crinière et se contente de répéter tout bas :

– Tu ne boiteras pas… Tu ne boiteras pas… J'ai dit !

– Si tu veux mon avis, continue Ivan Ivanovich, ce cheval a dû s'évader d'une ferme quelconque.

– Mais l'étoile qu'il porte sur le front montre qu'il est exceptionnel ! s'exclame Gania.

– Quel rapport ? demande son père.

Aucun. Aussi, Gania se tait.

Agacé, Aliocha s'agite, piaffe, et secoue sa crinière.

– Il comprend tout ce qu'on dit ! exulte Youri.

– Non ! Il ne fait que capter nos pensées, comme toutes les bêtes, déclare Ivan.

Et le voilà qui s'acharne à démontrer que même un poulet sait quand on va lui tordre le cou ! Mais Aliocha n'étant pas un poulet, plus personne ne l'écoute… Excepté le petit cheval, qui se demande peut-être si le même sort va lui être réservé.

Quatre jours s'écoulent dans l'obscurité. La neige continue de tomber, les orifices sont bouchés. Il ne reste plus qu'à allumer les bougies et à évaluer le temps en se référant à l'estomac d'Ivan Ivanovich.

« C'est l'heure de manger », dit-il, affamé... « C'est l'heure de dormir », décide-t-il, quand ils sont repus.

Et quand l'odeur nauséabonde du fumier commence à devenir irrespirable :

– Ratissez-moi tout ça et faites-en un tas au fond de l'écurie.

Puis, la tempête s'étant calmée, Ivan Ivanovich ouvre enfin le portail... pour se retrouver nez à nez avec une congère.

– Pelletez, si vous voulez sortir ! ordonne-t-il.

La neige du dehors se retrouve dans l'écurie et se transforme aussitôt en torrents de boue.

– Épongez ! dit-il alors.

... Ensuite, leur isba ayant disparu sous la neige, il faut tout recommencer pour y entrer.

Deux jours plus tard, Toto-Yoyo surgit dans la cour, en agitant furieusement sa toque de fourrure :

– Youri Ivanovich ! Qu'est-ce que je viens d'apprendre ! C'est Sergueï qui a trouvé le cheval !

Ivan vole alors au secours de son fils, et, en donnant de la voix, il libère d'un seul coup son énergie économisée pendant quatre jours :

– Ton fils est une fouine ! Une chauve-souris galeuse ! Par tous les ventres des crapauds, t'a-t-il seulement dit qu'il posait des pièges dans la taïga sans en avertir quiconque ? Tu veux que j'énumère la liste de ses crimes ?

Il n'attend pas la réponse pour le faire, de sorte que Toto-Yoyo, assommé par ces révélations, repart à reculons, en bégayant :

– Ho... ho... ho... Y va m'le payer !

Comment ? ricane Youri. Pour l'heure, c'est Aliocha qui le fait frémir... Le petit cheval s'est éloigné, il aspire l'air glacial, frissonne et dresse les oreilles comme pour écouter les appels pressants de la nature. Il ne fait aucun doute que, sauvage ou non, le petit cheval a envie de repartir... et de retrouver sa liberté.

Youri s'en approche doucement. Il pourrait lui passer un licou, y attacher une longe... Il y renonce. Ni le cheval ni lui ne s'en contenteraient. Ce n'est pas ainsi que s'établit l'amitié.

– Reste avec moi, Aliocha... chuchote-t-il seulement. Nous allons être si heureux ensemble... et je t'aime tant !

Aliocha a-t-il écouté ? Après un nouveau coup d'œil sur la steppe, il tourne la tête et le regarde. Le message est-il passé ?

Une oreille pointée en avant, l'autre couchée en arrière, Aliocha prend le temps de réfléchir. Au bout d'un moment, il se dirige vers le jeune garçon. Il appuie son chanfrein sur l'épaule de Youri puis, cette décision prise, il pénètre dans l'écurie.

Briska s'y régale d'une botte de foin. Aliocha n'a pas l'intention de la laisser tout manger.

Les yeux de Youri s'emplissent de larmes. Le bonheur, ça doit être ça !

13

Durant tout le temps où a soufflé la tempête, il a fallu cohabiter avec les cochons, et jamais Sergueï ne les a autant haïs ! Blessé à l'épaule, il s'est senti dévalorisé, impuissant et… terriblement malheureux. Mal avec lui-même, son agressivité pour Youri n'a fait qu'augmenter.

Le batiouchka est venu se réfugier dans la porcherie, de sorte que Sergueï n'a pu échapper à ses remèdes. En guise d'antiseptique, le pope a extirpé de sa houppelande une fiole de vodka, et hop ! Une moitié a coulé sur la blessure du garçon, et l'autre moitié dans le gosier de son patient pour étouffer ses hurlements.

– Arrête de couiner comme un porc, fiston !

Sergueï, un porc ? Le comble !

Avant de sombrer dans les vapeurs d'alcool, il a entendu le batiouchka déclarer à son père :

– Je suis peut-être une vieille baderne, mais, durant des siècles, la vodka a guéri des générations de bons Russes.

– Ouais… Elle en a aussi conduit pas mal au cimetière, a répondu Toto-Yoyo.

De mieux en mieux !

Tout s'est aggravé le lendemain, quand Sergueï a servi à son père la version de son escapade. Le batiouchka s'est montré sceptique.

– C'est bien vrai, tout ça ?

– Pourquoi mon fils mentirait-il ? s'est indignée Marcha.

– Parce que mentir arrange bien les choses, pardi !

– Batiouchka, cela ne vous est jamais arrivé d'arranger les choses ? a-t-elle susurré.

Du coup, le batiouchka s'est mis à bâiller. Il a rabattu sa toque de fourrure sur les yeux, puis il a lâché pour toute réponse :

– Je crois bien que je vais piquer un petit roupillon.

Quand les grandes personnes ne tiennent pas à répondre, elles bâillent… C'est bien connu !

La tempête terminée, Sergueï a reçu une raclée de son père qui revenait tout juste de chez les Boronov.

Mâchoires serrées, il a encaissé et laissé la haine monter. Ensuite, tout Krasnovick s'en est mêlé. À qui appartenait réellement ce petit cheval tombé des nuages ?

Histoire de régler ce conflit, Piotr, l'aîné des frères Barky, vient de proposer une solution :

– Comme on ne peut pas couper ce cheval en deux, je suggère qu'on le laisse choisir lui-même son maître !

De gros rires fusent. Voilà qui va bousculer la routine de Krasnovick. Youri n'est pas rassuré. Il vient de conduire son cheval sur la place devant la chapelle, pompeusement baptisée « place de l'église ».

Quelle diablerie va trouver Sergueï ?

– Aliocha, ne me laisse pas tomber, lui chuchote-t-il à l'oreille.

Le petit cheval tourne vers lui un regard paisible du genre : « Pour qui tu me prends ? »

Planté au milieu de la place, Aliocha regarde maintenant les deux garçons compter les pas jusqu'à cent. Les voilà face à face. Piotr, le bras levé, leur sert d'arbitre.

– À mon signal, que le meilleur gagne ! lance-t-il, rigolard.

Mais il reste un bon moment le bras levé, histoire de prolonger le suspense pour les spectateurs et le supplice des garçons. Sergueï grince des dents. Il a caché une carotte dans la paume de sa main. Si cet abruti de canasson a du flair, il saura où est son intérêt!

Youri, raide comme un piquet, n'en mène pas large. S'il perd son ami, il ne s'en consolera jamais. Pourquoi s'est-il prêté à ce pari stupide?

– Allez-y! gueule Piotr, en abaissant enfin son bras.

– Viens, viens, petit! crie Sergueï qui renifle déjà la victoire.

Youri est trop ému. Aucun son ne sort de sa bouche.

Cette fois, Aliocha semble ne pas apprécier cette plaisanterie. Les oreilles couchées en arrière, il se dirige vers Youri. Puis le voilà qui s'arrête pour repartir au grand galop vers Sergueï.

– Wooo! hurle le garçon.

Youri agonise, Sergueï crie victoire, mais rien n'est fini. Aliocha freine des quatre fers devant lui, lève la queue, et le gratifie d'un superbe crottin avant de trotter, tête haute vers son ami qu'il bouscule d'un affectueux coup de tête.

Dans la foule, c'est le délire.

Ce cheval-là est un génie!

Mais maintenant, c'est Sergueï qui agonise.

La guerre est déclarée.

14

C'est le jugement de Dieu ! chuchotent les habitants de Krasnovick. Mieux encore : comme ils soupçonnent Aliocha de posséder des pouvoirs magiques, s'élève depuis trois jours un vent de superstition. Si les pouvoirs du petit cheval l'ont protégé des dangers de la taïga, ils peuvent sûrement s'étendre sur tout le hameau.

Les jumeaux, bien sûr, en tirent des avantages. Le batiouchka a beau s'insurger, rien n'y fait ! Désormais, chaque isba possède un poil de la crinière ou de la queue d'Aliocha, pour écarter les mauvais esprits. Les valeureux chasseurs en glissent subrepticement un ou deux dans leur pelisse. Les femmes enceintes en réclament aussi, et il n'est de berceau qui ne soit orné d'un petit sachet de poils !

C'est autant de coups de poignard que Sergueï reçoit en plein cœur.

Si seulement, à ce rythme-là, Aliocha pouvait se retrouver aussi chauve que les busards ! fulmine-t-il.

Youri s'est vite lassé de son petit commerce, et il songe maintenant à monter son précieux cheval.

– Apprivoise-le lentement, laisse-lui le temps de t'accepter, lui a dit Piotr Barky.

Aujourd'hui, c'est dimanche, et il entre dans le hangar, les yeux pétillants de bonheur, une bride à la main.

– Tu me fais confiance ? chuchote Youri en la fourrant sous le nez du cheval.

Aliocha renifle la bride, puis se détourne. Il n'a pas l'intention de se laisser harnacher. À peine le garçon tente-t-il de lui glisser le mors entre les dents, qu'il secoue si fort sa crinière que le tout s'envole dans la paille.

Sur le seuil du hangar, Gania est morte de rire. Elle a eu la même idée que son jumeau. Piquer un petit galop dans la steppe.

– Je crois, ricane-t-elle en flattant l'encolure de la jument, que nous allons nous promener seules.

Briska se laisse faire. Aliocha la regarde, hennit violemment, la jument lui répond doucement. Que se disent-ils ? Briska l'invite-t-elle à suivre son exemple ? se demande Youri.

– Aliocha ! Pas de caprices, hein ? finit-il par exploser.

– C'est pas la bonne méthode, mon vieux ! rigole sa sœur, en enfourchant la jument à cru.

Youri enrage.

Sa jumelle a fière allure dans sa casaque en peau de loup, sa longue natte blonde enroulée sous sa toque de fourrure et ses bottes qu'elle vient d'astiquer. Désolé, Youri la suit des yeux avant de tenter un nouvel essai. Aliocha lui sert un second refus, recule jusqu'au fond de l'écurie, et, comme il a maintenant toute la place pour lui, le voilà qui se roule dans la paille, les quatre sabots en l'air, histoire de le narguer davantage.

Youri ne trouve plus ça drôle du tout ! Il est horriblement déçu. Ses yeux le piquent. Aliocha accepte sa présence, mais il n'est pas vraiment son ami.

À son tour, il se laisse choir sur la paille, à deux doigts de pleurer. Ce n'est pas avec Aliocha qu'il pourra exécuter les moindres prouesses !... Au bout d'un moment, le petit cheval doit s'ennuyer, car il se redresse et regarde le garçon d'un œil indécis. Comme Youri ne bronche pas, il finit par s'avancer et frotter ses naseaux humides sur le visage du garçon. Comme pour savoir s'il dort, s'il est malade ou s'il est mort !

Le cœur de Youri bat à grands coups. Démangé par l'envie de faire une troisième tentative, il y renonce.

À travers ses cils, il se contente d'épier Aliocha, qui le regarde aussi du coin de l'œil en mâchant et en bavant un peu. Serait-ce un signe de soumission ? Soudain, Aliocha semble avoir pris sa décision, et Youri reçoit un joli coup de chanfrein dans l'épaule.

Il ne lui en faut pas plus pour bondir sur ses pieds.

–Alors, c'est oui ?

Pour toute réponse, Aliocha laisse échapper un hennissement aussi sonore que le rire d'Ivan Ivanovich. Peut-être bien qu'il rit pour de bon ?

Vite, le mors, la bride ! Youri l'enfourche à cru, et trois minutes plus tard Aliocha s'élance dans la steppe.

…Tapi derrière une congère, en voyant le petit cheval secouer joyeusement sa crinière, Sergueï se sent plus que jamais prisonnier de sa haine.

Coûte que coûte, il doit trouver le moyen de se venger pour retrouver sa liberté.

15

Trois semaines se sont écoulées. À Krasnovick, la vie a repris son cours paisible et monotone.

Paisible, parce qu'il n'est pas déplaisant de s'éveiller le matin à l'écart des terroristes, des guerres, mais aussi des villes qui, dit-on, ressemblent à de grosses termitières tant les gens s'y agitent.

Monotone aussi, parce que les habitants de Krasnovick vivent au rythme de la nature, jusqu'à ce qu'une fête rompe la routine.

Ainsi, le 7 janvier, ils ont célébré le Noël orthodoxe. Les hommes se sont taillé la barbe, les femmes ont revêtu leurs plus beaux atours, les enfants ont fabriqué des fleurs de papier de toutes les couleurs. Ils se sont rassemblés dans la chapelle pour écouter l'Évangile en slavon*.

Après la messe, le pope Alexeï a convié les habitants à festoyer dans la classe transformée en salle des fêtes.

Un beau Noël ! Sauf pour Sergueï, que la vue des porcelets rôtissant sur la broche a rendu malade !

Ensuite, les hommes ont pris leurs balalaïkas et Ivan Ivanovich s'est élancé sur la piste pour donner l'exemple.

« Hoï ! Hoï ! » criait-il, accroupi, bras croisés sur la poitrine, tandis que sa bedaine se trémoussait au même rythme que ses jambes.

Après les danses, ont eu lieu les exploits équestres des frères Barky sur la place du village, et ceux de Youri sur ce petit cheval devenu légendaire.

Les joues rouges, les yeux étincelants de fierté, le jeune garçon a exécuté les acrobaties équestres si chères à ceux de son peuple. Tels les Cosaques, les Kirghizes, les cavaliers afghans, kazakhs ou tadjiks, il a bondi pieds joints sur la croupe, est passé sous le ventre de son cheval, retombé à terre pour bondir à nouveau sur son brillant destrier lancé au galop.

« Hourra ! Hourra ! » criait-on autour d'eux.

Aliocha y a pris du plaisir, lui aussi ! La complicité qui règne désormais entre le petit cheval et le garçon se lisait dans la fougue et l'enthousiasme qu'ils déployaient tous les deux.

Le ventre labouré par la jalousie, Sergueï est resté inaperçu. De toute façon, avec son épaule blessée, il n'aurait même pas pu se mêler aux danseurs, ni attirer sur lui l'attention de Gania.

Lorsque les chants et les lumières se sont éteints, tard dans la nuit, il s'est éveillé à nouveau aux cris démoralisants de « Tooo… Tooo… Yooo… Yooo… »

« Personne ne m'aime », se répète-t-il maintenant, jour après jour. C'est une sensation terrible qui ranime à la fois sa rancœur et son malaise.

La présence de ce maudit cheval, qui s'est bien moqué de lui, envenime sa colère mêlée de désespoir. À ressasser ses pensées noires, Sergueï en arrive même à se dire que, si Aliocha a des pouvoirs magiques, il lui a aussi jeté un mauvais sort !

Après des jours et des nuits passés à ruminer sa vengeance, Sergueï vient enfin de trouver le moyen d'en finir une fois pour toutes.

Un matin, il se glisse hors de l'isba et, après s'être assuré que personne ne l'épie, il se dirige résolument vers le hangar des Boronov.

16

C'est une belle histoire d'amour que vivent Youri et Aliocha. Un regard, un geste leur suffit pour se comprendre.

Mais ce matin, la jument a suivi Ivan Ivanovich, Gania a suivi son frère, et, comme Aliocha ne peut suivre que les nuages lourds et bas qui couvrent la steppe, le voilà seul dans la grange.

Aliocha aime la vie qu'il mène ici. Il va où il veut, il ne subit aucune contrainte. Son instinct lui souffle que cette liberté-là est beaucoup plus agréable que celle dont il a fait l'apprentissage.

En entendant grincer les gonds rouillés du portail, il détourne sa jolie tête blanche, et, d'un seul coup, un long frisson hérisse ses poils. Ce garçon-là, il ne l'aime pas ! Il déteste son regard et son odeur. Il le sait, il le sent, ce garçon est un prédateur ! Un long frisson parcourt sa robe. Le danger rôde.

Aliocha regarde Sergueï décrocher le mors et les rênes suspendus au mur. Il se laisse brider, reste sur ses gardes, et attend le moment propice pour se débarrasser de son cavalier dans la steppe ou la taïga.

Lorsque Sergueï saute en croupe, Aliocha ne bronche pas. De ce fait, c'est le calme du petit cheval qui inquiète Sergueï. Son intuition lui souffle qu'Aliocha va lui jouer un mauvais tour.

Au-dehors, la toundra ressemble à un paysage presque lunaire, avec ses cristaux de neige qui scintillent sous la lumière diffuse que laissent filtrer les nuages. Mouvantes, toutes les nuances allant du bleu au gris dansent dans les poussières glacées, brusquement arrachées à leur long sommeil.

Les sabots d'Aliocha claquent rageusement sur la neige. Il attend son heure, et Sergueï aussi. Les mâchoires crispées, comme il presse du genou les flancs de sa monture pour la lancer au galop, il les sent frémir…

Se pourrait-il que le cheval ait capté ses desseins ?

Allons donc ! Il n'est pas assez malin !

La main ferme, Sergueï se laisse un instant aller à l'ivresse du galop. Ce merveilleux cheval aurait pu être le sien… Mais comme il ne le sera jamais, il force Aliocha à se soumettre. Il raccourcit les rênes, appuie du mollet sur son flanc gauche et fait tourner sa monture en rond. Une fois, deux fois, trois fois… Aliocha a compris.

La bataille est engagée !

Au bout d'un moment, il s'arrête brutalement, et hop ! il se cabre, et la seconde suivante une ruade monumentale envoie le garçon dans les airs !

Un hennissement souligne sa première victoire.

Sergueï, qui n'a pas vu venir le coup, demeure affalé dans la neige. Des larmes de rage brouillent sa vue.

– Attends un peu, je n'en ai pas fini avec toi ! gronde-t-il en se redressant.

Aliocha se cabre à nouveau, ses sabots battent l'air et retombent à quelques centimètres du garçon.

Sergueï se relève précipitamment. Aliocha hennit, secoue sa crinière et encense violemment. Le bonhomme fait un pas en arrière. Aliocha, deux pas en avant, et les voilà face à face.

Un sourire cruel étire les lèvres du garçon.

Aliocha montre les dents.

Tous deux sont quittes.

Mais la bataille ne fait que commencer.

De retour de l'école, Gania laisse échapper un cri :

– Regarde… La porte du hangar est restée ouverte, et Aliocha a filé !…

Filé ? Sûrement pas. Ils s'aiment beaucoup trop ! pense Youri.

– Mais non, il n'aurait pas pu sortir. La porte était fermée de l'extérieur, souligne-t-il, malgré tout angoissé.

… Il n'a pas vu Sergueï en classe. C'est lui, bien sûr, qui a ouvert la porte et emmené son cheval.

– On y va !

– Où ça ? balbutie Gania.

– Je… ne sais pas, avoue le jeune garçon au bord des larmes.

Ils sortent du hameau, scrutent la toundra, Youri tremble d'inquiétude. Quel sale tour a décidé de lui jouer Sergueï ? Comment se fait-il qu'Aliocha l'ait suivi ?

Aliocha n'est pas méchant, mais il n'est pas non plus du genre à recevoir des coups.

– Là ! là !… crie tout à coup Gania.

Au loin, très loin, la silhouette du petit cheval se profile sur la neige. Son cavalier, dont le nom n'est pas sorcier à deviner, le conduit tout droit vers le lieu le plus dangereux de la steppe. Youri laisse échapper un cri de désespoir, car ce lieu est celui des marécages.

–Vite ! Gania ! Vite !... hurle Youri, la peur au ventre, en chaussant ses raquettes.

Une joie sauvage étreint Sergueï au fur et à mesure qu'ils se rapprochent de l'endroit fatal vers lequel il pousse son ennemi.

Il ne connaît que trop cette étendue marécageuse que les chasseurs se gardent bien de traverser en traîneau. Par endroits, la couche de glace qui recouvre les eaux glauques est mince, et Sergueï sait déjà comment il va procéder pour ne pas partager le sort de sa victime.

Simple question d'adresse et de rapidité.

–Hoï ! Hoï ! En avant ! gueule-t-il.

Aliocha sent venir le danger. Sous ses sabots, les vibrations ne sont plus les mêmes. Puis voilà que, d'un seul coup, son cavalier saute à terre.

–Adieu ! Aliocha ! ricane le maudit garçon.

Alors, tout se passe très vite, et pas du tout comme Sergueï l'a prévu.

À peine a-t-il bondi qu'il laisse échapper un cri de terreur. Son pied s'est pris dans les rênes qui flottent librement, et il n'arrive plus à le dégager. D'autant qu'Aliocha a redoublé de vitesse, et qu'il le traîne maintenant, comme un vulgaire sac de pommes de terre.

Le petit cheval semble trouver cette situation cocasse. Sourd aux hurlements du garçon, il encense et hennit joyeusement. Pour lui, la bataille est terminée. Il ne lui reste plus qu'à regagner Krasnovick avec ou sans le garçon.

Ce sont les craquements qui se font entendre qui l'invitent à s'arrêter… Autour d'eux, s'élargissent déjà des crevasses. Seule la couche de glace sur laquelle ils se trouvent tient encore…

Prisonniers de ce minuscule îlot, ni l'un ni l'autre n'osent bouger. Allongé sur le ventre, Sergueï est terrifié. Il veut vivre ! Et pourtant, d'une minute à l'autre, leur fragile refuge risque d'être englouti dans les eaux glaciales et…

Aliocha fixe les nuages. Cet endroit empeste la mort, et son instinct lui a déjà soufflé que, tant pour lui que pour l'autre, c'est le bout du chemin.

17

Un cri déchire l'air :

– Ne bouge pas surtout, Aliocha ! J'arrive !

Cette voix, Aliocha la reconnaît. Il tourne lentement la tête. Un frisson de tendresse et de joie le parcourt. Alors, c'est bien vrai ? Son ami est là ?

Sergueï se redresse légèrement sur les coudes. Il fixe l'étendue de glace sur laquelle se tiennent Youri et Gania. Il oublie le cheval, l'espoir s'éveille en lui, puis s'éteint… Youri va le laisser mourir !

– Reste où tu es, Gania ! ordonne Youri à sa sœur.

– Tu veux faire quoi ? riposte-t-elle.

Youri ne répond pas. Il enlève ses raquettes, en garde une dans la main, s'allonge sur la glace et commence à ramper, centimètre par centimètre. Dans sa tête, tout se bouscule. Aliocha… Sergueï… L'amour, la colère, le chagrin. Pourra-t-il sauver à la fois ce salaud et Aliocha ?

Il connaît déjà la réponse et la chasse de son esprit. Pourquoi fait-il ça ?… D'un seul coup d'œil, il a jugé la situation. Aliocha pourrait peut-être sauter et franchir la crevasse s'il l'appelle. Mais leur îlot basculera, et Sergueï disparaîtra sous la plaque de glace.

Puis, soudain, il s'immobilise. Sacrifier son ami ? Jamais ! Alors quoi ? Sergueï est un être humain… Aliocha, un cheval… Mais ce cheval, il l'aime ! C'est son ami, et on ne sacrifie pas un ami ! Des larmes lui brûlent les yeux. Et un homme ? C'est quoi, au juste ? Rien d'autre qu'un animal de race ! Parfois pire qu'une bête enragée… Un combat se livre en lui. Ses oreilles bourdonnent… Aliocha ne montre aucune panique… Il a déjà senti la mort, bien sûr ! Il sait, et le regard qu'il pose sur Youri traduit sa tendresse, mais aussi l'acceptation de son sort.

– … Je t'aime, Aliocha, je t'aime… chuchote Youri, en sanglotant.

Il continue à ramper, s'approche et, désespéré, il s'entend murmurer avec répugnance :

– Allonge-toi sur le ventre, Sergueï, et… saisis le bout de ma raquette.

Lentement, très lentement, les mains de Sergueï se referment sur la raquette… Il glisse dans l'eau… Youri l'amène jusqu'au bord, le hisse, mais la manœuvre a ébranlé la plaque sur laquelle tangue maintenant Aliocha. Peut-être qu'elle va tenir le coup… Permettre au petit cheval de franchir les quelques mètres qui les séparent.

Mais un second craquement disloque ce fragile refuge.

En sentant les eaux glaciales lui étreindre les jambes, puis le ventre… et le poitrail, Aliocha roule des yeux fous de terreur.

Il lutte un instant pour se maintenir encore, mais, comme le regard de Youri plonge dans le sien, le petit cheval recouvre son calme.

Il a si peu de temps pour faire passer son message…

« Adieu, petit frère… Moi aussi, je t'aime… Mais je vais mourir… » peut lire Youri dans les grands yeux sombres.

L'eau monte… Le petit cheval contemple maintenant le ciel avant de disparaître dans un énorme remous.

– Aliocha ! hurle Youri.

Des cercles de plus en plus grands se dessinent sur l'eau… Indifférents au destin des hommes et des bêtes, les nuages continuent leur course.

18

Un énorme vent de colère s'est levé ce matin sur Krasnovick. S'y mêle aussi la peur. La haine est entrée dans le hameau, et c'est terrible ! Mais on ne peut pas lui permettre de semer la discorde.

Les disputes, les bagarres et les mauvaises langues, il y en a toujours eu. Mais il est rare que les habitants de Krasnovick laissent le soleil se coucher sur leur colère.

Ces hommes rudes, habitués à chasser les bêtes de la taïga pour subvenir à leurs besoins, ne comprennent pas que le petit cheval ait trouvé une mort aussi atroce, par la faute de l'un d'eux. C'est pourquoi hommes, femmes et enfants se sont rassemblés devant l'isba de Toto-Yoyo.

– Fais sortir ta graine de potence ! gueulent les frères Barky.

Toto-Yoyo, plus fluet que jamais, s'avance sur le seuil et fixe le sol comme s'il espérait qu'il s'ouvre devant lui.

– Sergueï a une pneumonie… et le batiouchka est avec lui, balbutie-t-il.

Les injures volent. Les poings se dressent. C'est d'autant plus paradoxal qu'à présent, la haine les a rattrapés ! Le raffut alerte le batiouchka qui sort à son tour, chevelure et barbe hirsutes.

– Vous voulez quoi ? tonne-t-il. Oui, le garçon est un scélérat ! Mais vous comptez le tuer, vous aussi ?

– Lui flanquer une raclée ! aboie un homme.

– Tais-toi, gronde le batiouchka. Oui, la bêtise et la méchanceté sont entrées dans notre village ! Les vents les ont apportées de l'Occident ! De la civilisation ! Mais si vous les laissez prendre racine parmi nous, elles nous détruiront tous !

Le batiouchka écume. Il promène sur eux un œil bleu et implacable, et sa voix de stentor roule comme le tonnerre :

– Écoutez le vieil homme de la steppe ! Si nous ne nous serrons pas les coudes, d'autres ennemis feront bientôt disparaître Krasnovick ! Un jour, nous verrons arriver des promoteurs ! Ils viendront étudier le sol ! Ils en feront jaillir, comme à Irkoutsk et ailleurs, du charbon et des hydrocarbures ! Et l'industrie lourde nous balaiera tous !

Du coup, quelques sourcils se lèvent. Du charbon ?… Serait-il possible que leur sous-sol détienne de telles richesses ? Les uns semblent se dire que ce serait une aubaine, les autres, une catastrophe !

Cette prédiction leur a cloué le bec.

Ils se regardent. Ils n'y avaient pas songé. Krasnovick tient si peu de place dans cette vaste Sibérie !

Ivan Ivanovich se détache de la foule, fait un pas en avant, et se tourne vers eux :

– Le batiouchka a raison, lance-t-il d'une voix forte. Rentrons chez nous !… Ne laissons pas la violence qui règne dans le monde entier empuantir notre air et pourrir nos enfants !

Ces sinistres paroles l'emportent sur la convoitise. Des usines dans la taïga ? Et eux, ils iraient où ? La foule se disperse, et le batiouchka retourne au chevet de Sergueï, suivi de Toto-Yoyo.

Sous ses sourcils broussailleux, les yeux du vieil homme jettent des éclairs tandis qu'il place des ventouses sur le dos du vaurien.

–Bouge pas, graine du diable! gronde-t-il, en arrachant ensuite les petits godets de verre.

Sergueï ne bronche pas. Il agonise, mais les ventouses n'y sont pour rien. Le mépris que lui témoignent ses parents est pire. Les remords le labourent. Le nez enfoui dans la paille de son matelas, brûlant de fièvre, le cœur soulevé par les relents de vodka et d'herbes sèches que brûle le batiouchka, il regrette de n'avoir pas coulé au fond des marais.

–Ça va mieux? demande le batiouchka, en le tournant sur le dos.

–Non... J'suis maudit, murmure Sergueï.

–Ça se pourrait bien! conclut le batiouchka.

À Krasnovick, la mort du petit cheval a plongé tout le monde dans le silence.

Le hameau semble vide. Aliocha y avait apporté un peu de rêve, beaucoup d'imprévu et ce souffle de mystère dont ils avaient besoin.

Ivan Ivanovich a laissé pleurer son fils sans mot dire.

Youri est allé se réfugier dans le hangar pour cacher son chagrin. La jument le regarde pleurer. Et quand elle hennit, on dirait qu'elle cherche à lui dire quelque chose.

Mais quoi ?

Au bout du troisième jour, Ivan Ivanovich pose une main sur l'épaule de Gania :

– Suis-moi.

Elle le suit.

– J'ai quelque chose à vous raconter, commence-t-il en s'asseyant dans la paille près de son fils.

– Quoi ? demande Gania, un peu inquiète.

– … Moi aussi, j'ai aimé un petite renne quand j'avais votre âge, dit doucement Ivan.

Ils écarquillent leurs yeux. Les voilà qui ont du mal à imaginer leur père sous les traits d'un enfant de douze ans !

– … Je l'avais trouvé dans la forêt… Je l'avais appelé Plumka et je le nourrissais au biberon… Il est resté un an avec moi, et puis un jour, une horde de rennes émigrant vers le nord l'a appelé… Alors Plumka a choisi la liberté et suivi ses frères.

– La liberté. Comme Aliocha ? murmure Youri.

Ivan Ivanovich sourit. Il abat sa main sur l'épaule de son fils :

– Je vais te dire, Yourichka ! Tous les êtres cherchent la liberté ! Mais, vois-tu, la liberté, on l'a en soi et on perd son temps à la chercher ailleurs !

Puis, surpris de se découvrir une âme de philosophe, Ivan Ivanovich fronce les sourcils, et sa voix de baryton n'a plus rien à envier à celle du pope Alexeï.

– Tout passe ! Les hommes, les bêtes, les fleurs… et le temps ! Hop ! Hop ! Au travail ! Il faut récurer le hangar, farter le traîneau, préparer le repas et la soupe de Chupo et…

19

En Sibérie, quand vient l'été, les premiers chants d'allégresse sont poussés par les vents venus du Pacifique et de l'Arctique. Avant d'apporter leur touffeur dans les monts Oural, ils caressent les steppes, balaient les dernières neiges, et la nature s'éveille.

Aujourd'hui, Youri et Gania sont allés s'asseoir au bord des marais. Des petites mousses vertes recouvrent la vaste étendue, pour le plus grand bonheur des poules d'eau… lesquelles feront ensuite le régal des chasseurs.

Silencieux, les jumeaux songent à Aliocha, leur cheval de légende. Il ne reviendra jamais, mais il va revivre… sous les traits de son héritier !

Avant la fonte des neiges, leur père s'est exclamé :

– Mais non, pucerons ! Briska ne mange pas trop d'herbe ! Si son ventre grossit, c'est qu'elle attend un poulain !

– Ou une pouliche ! s'est exclamée aussitôt Gania.

– Non. C'est le fils d'Aliocha qui est là, a dit rêveusement Youri en posant sa main sur le ventre de la jument.

La naissance est proche. Peut-être demain...

Ils rêvent en regardant les marais. Comment sera-t-il, l'héritier d'Aliocha ? Blanc, ou gris comme la jument ? Ce sont les grondements de Chupo qui les font redescendre sur terre.

Youri se retourne, son visage se crispe.

... Sergueï. Comment ose-t-il ? La tête basse, l'adolescent s'approche, se plante devant eux et fixe la pointe de ses bottes. Youri serre les poings, Sergueï cherche ses mots.

– Youri... Tu veux bien me pardonner ? lâche-t-il enfin.

Lui pardonner ? Le sang de Youri ne fait qu'un tour :

– Jamais ! explose-t-il. Je t'ai sauvé la vie par deux fois !... Tu voulais tuer mon ami et tu l'as fait ! Je ne veux plus te voir ! Je ne veux plus t'entendre ! Fiche le camp ; et ne reviens jamais !

Sergueï devient livide, s'éloigne à reculons, puis s'enfuit en courant.

Depuis que plus personne ne veut lui adresser la parole, il n'existe plus. Pour tout le monde, il est devenu le symbole du mal absolu.

C'est le surlendemain, au lever du jour, qu'Ivan Ivanovich aide Briska à mettre bas. Toute pâle, les yeux écarquillés, Gania demeure collée contre le portail. La jument semble tellement souffrir... Leur mère a-t-elle connu cet enfer en les mettant au monde ?

– Viens donc nous aider, pleurnicharde ! tonne son père.

La tête du poulain apparaît déjà... avec une petite étoile grise sur son front tout blanc ! Puis deux petits sabots...

– Tirez, tirez doucement tous les deux, ordonne Youri qui tient ferme le ventre gonflé de Briska.

Le poulain est enfin expulsé.

Comme c'est beau la vie !

– C'est... c'est une pouliche ? bredouille Gania.

– C'est un poulain ! pavoise Youri, ivre de joie.

–Comment tu vas l'appeler ? lance Ivan Ivanovich, en ligotant le cordon avant de le couper.

–Pourquoi pas… Aliocha ? C'est son fils, non ? avance Gania.

Youri la regarde, ému.

–T'es d'accord ?… souffle-t-il.

–Oui, pourquoi ? lance-t-elle, gavroche.

La grande nouvelle a vite fait le tour du village. Ils sont tous venus admirer le fils d'Aliocha. Aussi cabochard et comédien que son père, il a hérité de sa belle robe blanche, mais aussi de ses tics. Une oreille en avant et l'autre en arrière, sitôt qu'il veut exprimer désirs, refus et caprices.

–Il va vous mener par le bout du nez ! rigole le batiouchka.

C'est déjà fait. Ce qui n'empêche pas Youri de clamer à qui veut l'entendre :

–Je me charge de son apprentissage !

Mais au fil des jours, Youri s'interroge. Un poids pèse sur sa poitrine. La nuit, il s'éveille, angoissé. Il éprouve la désagréable impression d'être constamment en prison… Cela doit se voir.

– Pourquoi tu tires cette tête ? Tu es malade pour de bon ? finit par lancer Gania, ironique.

Youri hausse les épaules :

– J'ai dû avaler une souris !

Sa sœur en reste bouche bée.

20

Les grosses chaleurs de l'été sont arrivées. Le fils d'Aliocha règne en seigneur sur Krasnovick, mais la souris est toujours là et continue à grignoter le cœur de Youri.

Ce soir, Toto-Yoyo est dans tous ses états.

–Sergueï a disparu ! Qui l'a vu ? gueule-t-il devant chaque isba.

Il en a oublié ses cochons qui, dispersés dans le hameau, ont choisi la liberté, eux aussi ! Marcha est en pleurs. Le batiouchka s'en mêle. Où chercher ce garnement ? s'exclament les frères Barky. Ivan Ivanovich propose une battue. Les autres, de monter dans le clocher pour avoir une vue panoramique !

–Moi, je le sais ! lance soudain Youri.

Aussitôt, quelque chose craque en lui, les liens qui le ligotent se relâchent. La souris en profite pour prendre la poudre d'escampette.

Allongé de tout son long au pied de son bouleau, Sergueï se laisse aller à ce qu'il jugeait indigne d'un homme : sangloter sans la moindre retenue.

À quatorze ans, sa vie est finie ! Et tout ça, pour quoi ? À cause d'un petit cheval venu semer le trouble à Krasnovick ? À cause des cochons ?

Non. À cause de lui seul. Mais est-ce sa faute s'il est né envieux, teigneux, agressif, malchanceux, et que personne ne l'aime ?

« Fiche le camp ! » a crié Youri. Ces mots lui martèlent le crâne nuit et jour. Aussi, a-t-il décidé de le faire.

Il a volé (dernier larcin) le fusil de son père pour vivre en nomade comme ses aïeux ! Le jour commence à descendre, des branches craquent. De quoi s'agit-il ? Le bruit s'arrête. Fausse alerte.

Ce n'est qu'au bout d'un moment qu'il se décide à lever la tête.

Encore lui ?…

Le menton appuyé sur les genoux, son chien husky couché à ses pieds, Youri regarde droit devant lui. Il attend.

Il attend quoi ? se demande Sergueï.

– Qu'est-ce… qu'est-ce que tu fais là ? laisse-t-il échapper.

– Rien, comme tu le vois, répond Youri d'un ton égal.

– … Comment… tu m'as trouvé ?

– C'est pas moi qui t'ai trouvé, c'est Chupo, dit-il en désignant une vieille écharpe en loques, que Sergueï lui avait prêtée.

Le silence retombe. Il veut quoi, Youri ? se demande Sergueï.

– Si tu veux cogner, ça m'est bien égal, murmure-t-il.

– Je ne veux pas cogner.

– Alors pourquoi t'es là ?

– Ben… je ne sais pas… c'est comme ça !

Ce qui est exact, parce que le plus dur est encore à dire.

– Tu peux repartir, Youri, je ne rentrerai pas à Krasnovick, souffle Sergueï.

– Comme tu veux.

Le silence retombe. C'est désespérant.

Youri pousse un soupir et finit par déclarer, sans le regarder :

– Au fait… t'as peut-être raison. Tu vas passer l'été à chasser dans la taïga, ensuite tu vendras les peaux aux trappeurs. C'est un bon rapport.

Vendre des peaux aux trappeurs… Pourquoi pas ? Sergueï n'y avait même pas songé. Survivre lui aurait suffi. Peut-être. Ce n'est pas sûr… Mais c'est vrai qu'il a peut-être mieux à faire ?

– J'y ai pensé, ment-il, effrontément.

– … Seulement voilà, il te faut un traîneau, des chiens, une besace, des vêtements… Tu devrais revenir à Krasnovick pour t'équiper.

– Personne ne veut de moi là-bas !

– Si, ta mère. Je te jure que si j'avais encore la mienne, je ne la laisserais pas pleurer.

Sergueï a toujours envié Youri, mais il n'a jamais pensé que sa mère pouvait lui manquer.

Youri hésite. Va-t-il encore tourner longtemps autour du pot ? Il se sent mieux, mais pas entièrement soulagé.

– … Et si tu veux… commence-t-il.

Il s'interrompt.

– Si… je veux quoi ? bredouille Sergueï.

– Ben… on pourrait devenir amis, Sergueï.

C'est un soleil qui éclate dans la tête de Sergueï. C'est la première fois qu'on lui parle d'amitié, la première fois qu'on le valorise avec un projet qui est loin de lui déplaire ! Et si elle était là, cette liberté qu'il désirait tellement ?

– T'es sérieux ? bredouille Sergueï.

– Oui.

C'est un volcan qui explose dans le ventre de Youri. Les chaînes sont tombées, Youri est un homme libre !

Cette fois, ils se regardent, à deux doigts de se jeter dans les bras l'un de l'autre. Mais ils se ravisent, et préfèrent sceller leur amitié d'une solide poignée de main.

C'est plus viril.

Youri fixe alors la première étoile qui vient de s'allumer dans le ciel.

« Aliocha ! Aliocha ! Moi aussi, j'ai trouvé la liberté ! » pense-t-il très fort.

L'étoile clignote. Aliocha a entendu.

Lexique

Bortsch (p. 7) : pot-au-feu agrémenté de betterave rouge.
Encenser (p. 44) : pour un cheval, secouer la tête de bas en haut.
Pirojki (p. 7) : petits pâtés de viande.
Taïga (p. 6) : forêt de conifères couvrant une grande partie de la Sibérie (au sud de la toundra).
Toundra (p. 18) : steppe formée de mousses, de bruyères, d'arbres nains, au nord de la Sibérie, entre l'océan Glacial Arctique et la taïga.
Slavon (p. 79) : langue liturgique des Slaves orthodoxes.
Verste (p. 48) : ancienne mesure de distance utilisé en Russie et valant 1 067 m.

Une première version de ce roman a été publiée
aux éditions Hachette.

Achevé d'imprimer en France par France Quercy, à Mercuès
Dépôt légal : 3e trimestre 2013
N° d'impression : 31112A